A Crabtree Roots Book
Yon Liv Crabtree Rasin

Farm Animal Friends

Zannimo Pak Yo

CHICKENS
POUL

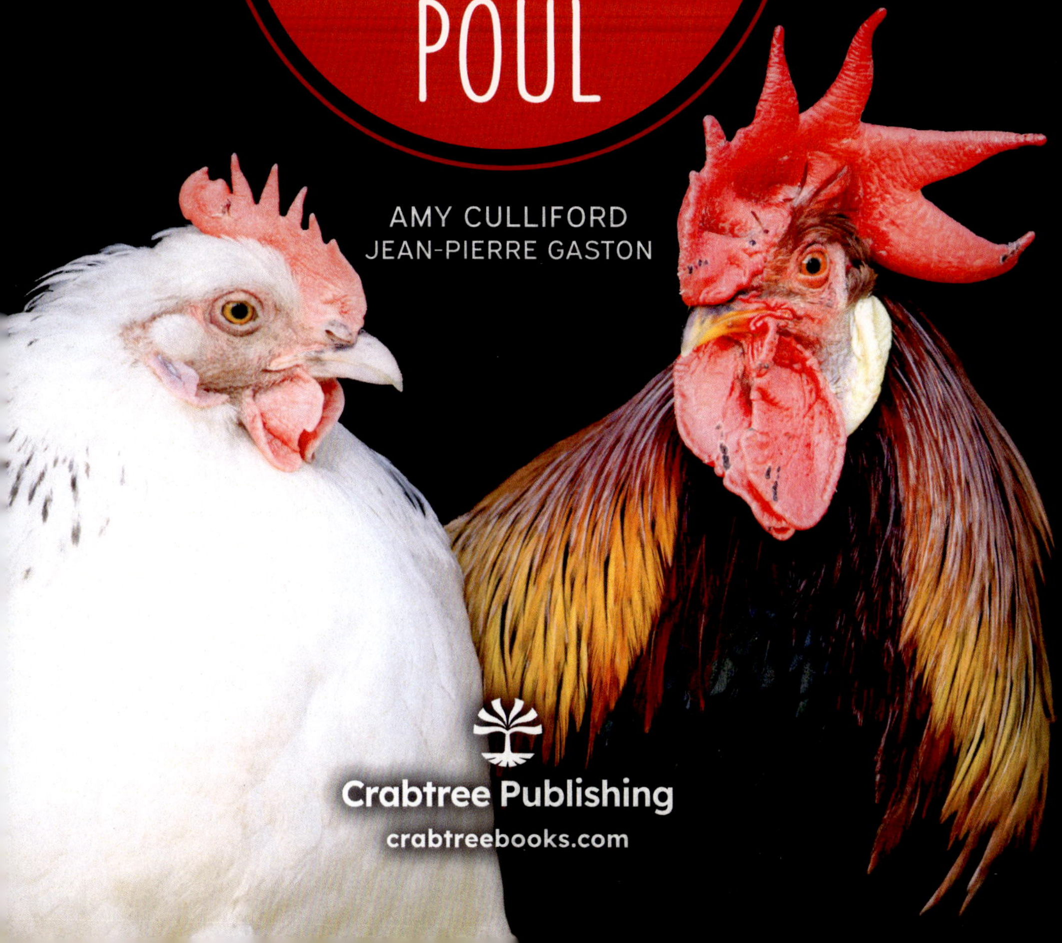

AMY CULLIFORD
JEAN-PIERRE GASTON

Crabtree Publishing
crabtreebooks.com

School-to-Home Support for Caregivers and Teachers

This book helps children grow by letting them practice reading. Here are a few guiding questions to help the reader with building his or her comprehension skills. Possible answers appear here in red.

Before Reading:

- What do I think this book is about?
    - *This book is about chickens.*
    - *This book is about chickens on farms.*
- What do I want to learn about this topic?
    - *I want to learn what sound a chicken makes.*
    - *I want to learn what colors a chicken can be.*

During Reading:

- I wonder why...
    - *I wonder why chickens are different colors.*
    - *I wonder why chickens lay eggs.*
- What have I learned so far?
    - *I have learned that chickens are birds.*
    - *I have learned that chickens lay eggs.*

After Reading:

- What details did I learn about this topic?
    - *I have learned that eggs can be different colors.*
    - *I have learned that chickens lay one egg a day.*
- Read the book again and look for the vocabulary words.
    - *I see the word **birds** on page 4 and the word **eggs** on page 8. The other vocabulary words are found on page 14.*

Sipò Lekòl A Kay Pou Moun Kap Bay Swen Ak Pwofesè Yo

Liv sa a ede timoun yo grandi lespri yo nan kite yo pratike lekti. Men kèk kesyon kap ede lektè a bati konpreyansyon konpetans yo. Epons posib yo parèt an wouj.

Anvan Lekti:

- De kisa mwen panse liv sa ap pale?
    - *Liv sa a se sou poul.*
    - *Liv sa a se sou poul ki nan pak yo.*
- Kisa mwen vle aprann sou sijè sa?
    - *Mwen vle aprann ki son yon poul fè.*
    - *Mwen vle aprann ki koulè yon poul ka ye.*

Pandan Lekti:

- Mwen mande poukisa...
    - *Mwen mande poukisa poul yo gen koulè diferan.*
    - *Mwen mande poukisa poul ponn ze.*
- Kisa mwen te aprann jiskaprezan?
    - *Mwen te aprann ke poul yo se zwazo.*
    - *Mwen te aprann ke poul ponn ze.*

Aprè Lekti:

- Ki detay mwen te aprann sou sijè sa?
    - *Mwen te aprann ke ze ka gen koulè diferan.*
    - *Mwen aprann ke poul yo ponn ze yon fwa pa jou.*
- Li liv la ankò epi chèche mo vokabilè yo.
    - *Mwen wè mo **zwazo** nan paj 5 ak mo **ze** nan paj 8. Lòt mo vokabilè yo wap jwenn nan paj 14.*

This is a **chicken**.

Sa se yon **poul**.

All chickens are **birds**.

Tout poul se **zwazo**.

Chickens can be white, black, brown, or yellow!

Poul ka gen koulè blan, nwa, mawon, oswa jòn!

Some chickens lay **eggs**.

Gen poul ki ponn **ze**.

Eggs can be white or brown.

Ze yo ka gen koulè blan, oswa mawon.

All chickens
say, *cluck*!

Tout poul di,
klik!

Word List

Sight Words

a
all
are
be
big
black
brown
can
is
little
on
or
say
some
these
this
white

Lis Pawòl

Mo timoun rekonèt lè yo fèk kòmanse li

blan
jòn
mawon
nwa
oswa
sa
se
tout
yo
yon

Words to Know

birds

chicken

eggs

Mo pouw Konnen

poul

ze

zwazo

30 Words

This is a **chicken**.
All chickens are **birds**.
Chickens can be white, black, brown, or yellow!
Some chickens lay **eggs**.
Eggs can be white or brown.
All chickens say, *cluck!*

34 mo

Sa se yon **poul**.
Tout poul se **zwazo**.
Poul ka gen koulè blan, nwa, mawon, oswa jòn!
Gen poul ki ponn **ze**.
Ze yo ka gen koulè blan oswa mawon.
Tout poul di, *klik!*

Farm Animal Friends

Zannimo Pak Yo

CHICKENS POUL

Written by/Ekri pa: Amy Culliford
Designed by/Ki fèt pa: Rhea Wallace
Series development/Devlopman seri a pa: James Earley
Proofreader/Korektè: Kathy Middleton
Educational consultant/Konsiltan edikasyon: Christina Lemke M.Ed.
Translated by/Tradui pa: Jean-Pierre Gaston

Photographs/foto:
Shutterstock: VisunKhankasem: cover (tl); Perutskyi Petro: cover (tr); Moonborne: cover (b); Roblan: p. 1; Aksenova Natalya: p. 3, 7, 14; TTstudio: p. 4-5, 14; PhotoSongserm: p. 9; Anastasia Magonova: p. 11, 14; Putoe Soemi: p.12

Crabtree Publishing

crabtreebooks.com 800-387-7650

Published in Canada
Pibliye nan Kanada
Crabtree Publishing
616 Welland Ave.
St. Catharines, Ontario
L2M 5V6

Published in the United State
Pibliye Ozetazini
Crabtree Publishing
347 Fifth Avenue,
Suite 1402-145
New York, NY, 10016

Paperback 978-1-0398-5072-9
Ebook (pdf) 978-1-0398-5114-6
Epub 978-1-0398-5156-6

Printed in Canada/082024/CP20240812

Library and Archives Canada Cataloguing in Publication
Available at the Library and Archives Canada

Library of Congress Cataloging-in-Publication Data
Available at the Library of Congress